I0829029

SE TAIRE ET FAIRE

Feb. 23, 1853.

BY THE PRESIDENT OF THE UNITED STATES OF AMERICA.

A PROCLAMATION.

Whereas a Consular Convention between the United States of America and His Majesty the Emperor of the French, was concluded and signed in this city, by their respective plenipotentiaries, on the twenty-third day of February last, which Convention as amended by the Senate of the United States, and being in the English and French languages, is word for word, as follows:

Consular Convention between the United States of America and his Majesty the Emperor of the French.

Preamble.

The President of the United States of America, and his Majesty the Emperor of the French, being equally desirous to strengthen the bonds of friendship between the two nations, and to give a new and more ample development to their commercial intercourse, deem it expedient, for the accomplishment of that purpose, to conclude a special convention which shall determine, in a precise and reciprocal manner, the rights, privileges, and duties of the consuls of the two countries.

Accordingly they have named —

Negotiators.

The President of the United States:

The Honorable Edward Everett, Secretary of State of the United States;

His Majesty the Emperor of the French:

The Count de Sartiges, Commander of the Imperial order of the Legion of Honor, &c., &c., his Envoy Extraordinary and Minister Plenipotentiary at Washington;

Who, after communicating to each other their full powers, found in good and due form, have agreed upon the following articles:

Article I.

Exequaturs.

The consuls general, consuls, and vice-consuls, or consular agents of

Convention Consulaire entre Sa Majesté L'Empereur des Français et les Etats Unis d'Amérique.

Sa Majesté L'Empereur des Français et le Président des Etats Unis d'Amérique, également désireux de resserrer les liens d'amitié entre les deux nations et d'assurer aux relations de commerce établies entre elles un nouveau et plus ample développement, ont jugé à propos pour atteindre ce but, de conclure une convention spéciale qui déterminât d'une manière précise et réciproque les droits privilèges et devoirs des consuls des deux pays;

A cet effet ils ont nommé —

Sa Majesté L'Empereur des Français:

M. Le Comte de Sartiges, commandeur de l'ordre Impérial de la Legion d'honneur, &c., &c., son Envoyé Extraordinaire et Ministre Plenipotentiaire à Washington;

Le Président des Etats Unis:

L'honorable M. Edouard Everett, Secrétaire d'Etat des Etats Unis;

Les quels après s'être communiqués leurs pleins pouvoirs trouvés en bonne et due forme sont convenus des articles suivants:

Article I.

Les consuls généraux, consuls, vice-consuls ou agents consulaires

the United States and France, shall be reciprocally received and recognized, on the presentation of their commissions, in the form established in their respective countries. The necessary exequatur for the exercise of their functions shall be furnished to them without charge; and on the exhibition of this exequatur, they shall be admitted at once, and without difficulty, by the territorial authorities, federal or State, judicial or executive, of the ports, cities, and places of their residence and district, to the enjoyment of the prerogatives reciprocally granted. The government that furnishes the exequatur reserves the right to withdraw it on a statement of the reasons for which it has thought proper to do so.

nommés par la France et les Etats Unis seront réciproquement admis et reconnus, en presentant leurs provisions sous la forme établie dans les pays respectifs. On leur délivrera, sans aucun frais, l'exéquatur necessaire à l'exercice de leurs fonctions, et sur l'exhibition de cet exéquatur, les autorités territoriales, fédérales, ou d'Etat, judiciaries et administratives des ports, villes et lieux de leur résidence et arrondissement consulaire les y feront jouir aussitôt et sans difficulté des prérogatives accordées réciproquement. Le gouvernement, qui accorde l'exéquatur, aura la faculté de le retirer en indiquant les motifs, pour les quels il juge convenable de le faire.

Article II.

Immunities and privileges of consuls, &c.

The consuls general, consuls, vice-consuls, or consular agents of the United States and France, shall enjoy in the two countries the privileges usually accorded to their offices, such as personal immunity, except in the case of crime, exemption from military billetings, from service in the militia or the national guard, and other duties of the same nature; and from all direct and personal taxation, whether federal, State, or municipal. If, however, the said consuls general, consuls, vice-consuls, or consular agents, are citizens of the country in which they reside; if they are, or become, owners of property there, or engage in commerce, they shall be subject to the same taxes and imposts, and with the reservation of the treatment granted to commercial agents, to the same jurisdiction, as other citizens of the country who are owners of property, or merchants.

They may place on the outer door of their offices, or of their dwelling-houses, the arms of their nation, with an inscription in these words: "Consul of the United States," or "Consul of France;" and they shall be allowed to hoist the flag of their country thereon.

Article II.

Les consuls généraux, consuls, vice-consuls ou agents consulaires Français et des Etats Unis, jouiront, dans les deux pays, des privilèges généralement attribués à leurs fonctions, tels que l'immunité personnelle, hormis le cas de crime, l'exemption des logemens militaires, du service de la milice ou de la garde nationale et autres charges de la même nature, et celle de toutes les contributions directes et personnelles, fédérales d'Etat, ou municipales: si toutefois les dits consuls généraux, consuls, vice-consuls ou agents consulaires étaient citoyens du pays de leur résidence, s'ils y étaient ou y devenaient propriétaires, ou qu'ils y fissent le commerce, ils seraient soumis, sous le bénéfice du traitement accordé aux agents commerciaux, à la même juridiction que les autres citoyens du pays proprietaires ou commercants, et aux mêmes taxes et impositions que ceux-ci.

Ils pourront placer, au dessus de la porte extérieure de leurs chancelleries ou de leurs maisons d'habitation, un tableau aux armes de leur nation avec une inscription portant ces mots: Consul de France, ou Consul des Etats Unis: ils pourront aussi y arborer le drapeau de leur pays.

How their evidence is to be taken.

They shall never be compelled to appear as witnesses before the courts. When any declaration for judicial purposes, or deposition, is to be received from them in the administration of justice, they shall be invited, in writing, to appear in court, and if unable to do so, their testimony shall be requested in writing, or be taken orally at their dwellings.

Ils ne pourront jamais être contraints à comparaitre comme témoins devant les tribunaux: quand la justice du pays aura quelque déclaration juridique ou déposition à recevoir d'eux, elle les invitera par écrit à se présenter devant elle et, en cas d'empêchement, elle devra leur demander leur temoignage par écrit, ou se transporter à leur domicile, pour l'obtenir de vive voix.

Consular pupils.

Consular pupils shall enjoy the same personal privileges and immunities as consuls general, consuls, vice-consuls, or consular agents.

Les élèves consuls jouiront des mêmes privilèges et immunités personnelles que les consuls généraux, consuls, vice-consuls ou agents consulaires.

Provision in case of death of consular agents.

In case of death, indisposition, or absence of the latter, the chancellors, secretaries, and consular pupils attached to their offices, shall be entitled to discharge *ad interim* the duties of their respective posts ; and shall enjoy whilst thus acting, the prerogatives granted to the incumbents.

En cas de décès, d'empêchement ou d'absence de ces derniers, leurs élèves consuls, chanceliers et secrétaires seront de plein droit admis à gérer par interim les affaires des postes respectifs, et jouiront, pendant la durée de cette gestion intérimaire, des prérogatives accordées aux titulaires.

Article III.

Immunities of their offices, dwellings, and papers.

The consular offices and dwellings shall be inviolable. The local authorities shall not invade them under any pretext. In no case shall they examine or seize the papers there deposited. In no case shall those offices or dwellings be used as places of asylum.

Article III.

Les chancelleries et habitations consulaires seront inviolables. Les autorités locales ne pourront les envahir, sous aucun prétexte. Elles ne pourront, dans aucun cas, visiter ni saisir les papiers qui y seront renfermés. Elles ne sauraient, dans aucun cas, servir de lieux d'asile.

Article IV.

Complaints of infractions of treaties.

The consuls general, consuls, vice-consuls, or consular agents, of both countries, shall have the right to complain to the authorities of the respective governments, whether federal or local, judical or executive, throughout the extent of their consular district, of any infraction of the treaties or conventions existing between the United States and France, or for the purpose of protecting informally the rights and interests of their countrymen, especially in cases of absence. Should there be no diplomatic agent of their nation, they shall be authorized, in case of need, to have recourse to the general or federal government of the country in which they exercise their functions.

Article IV.

Les consuls généraux, consuls, vice-consuls ou agents consulaires de l'un et l'autre pays auront le droit de s'adresser aux autorités territoriales, fédérales ou locales, judiciaires et administratives, dans toute l'étendue de leur arrondissement consulaire, pour reclamer contre toute infraction aux traités ou conventions existant entre la France et les Etats Unis et pour protéger officieusement les droits et les intérêts de leurs nationaux, notamment en cas d'absence : à défaut d'agent diplomatique de leur nation, ils seront, au besoin autorisés à recourir au gouvernement général ou fédéral du pays dans lequel ils exercent leurs fonctions.

Article V.

The respective consuls general, and consuls, shall be free to establish, in such parts of their districts as they may see fit, vice-consuls, or consular agents, who may be taken indiscriminately from among Americans of the United States, Frenchmen, or citizens of other countries. These agents, whose nomination, it is understood, shall be submitted to the approval of the respective governments, shall be provided with a certificate given to them by the consul by whom they are named, and under whose orders they are to act.

Article V.

Vice-consuls and agents.

Les consuls généraux et consuls respectifs seront libres d'établir, dans tels lieux de leur arrondissement où ils le jugeront utile, des vice-consuls ou agents consulaires, qui pourront être choisis indistinctement parmi les Français, les Américains des Etats Unis ou les citoyens des autres pays. Ces agents, dont la nomination sera soumise, bien entendu, à l'approbation des gouvernements respectifs, seront munis d'un brevêt delivré par le consul, qui les aura institués et sous les ordres du quel ils agiront.

Article VI.

The consuls general, consuls, vice-consuls, or consular agents, shall have the right of taking at their offices or bureaux, at the domicil of the parties concerned, or on board ship, the declarations of captains, crews, passengers, merchants, or citizens of their country, and of executing there, all requisite papers.

The respective consuls general, consuls, vice-consuls, or consular agents, shall have the right, also, to receive at their offices, or bureaux, conformably to the laws and regulations of their country, all acts of agreement executed between the citizens of their own country and [the] citizens or inhabitants of the country in which they reside, and even all such acts between the latter, provided that these acts relate to property situated, or to business to be transacted, in the territory of the nation to which the consul or the agent before whom they are executed may belong.

Copies of such papers, duly authenticated by the consuls general, consuls, vice-consuls, or consular agents, and sealed with the official seal of their consulate or consular agency, shall be admitted in courts of justice throughout the United States and France, in like manner as the originals.

Article VI.

To receive protests, &c.

Les consuls généraux, consuls, vice-consuls ou agents consulaires, auront le droit de receivoir dans leurs chancelleries ou bureaux, au domicile des parties ou à bord des bâtimens, les déclarations des capitaines, équipages, passagers, négociants ou citoyens de leur pays, et tous les actes qu'ils voudront y passer.

Les consuls généraux, consuls, vice-consuls ou agents consulaires respectifs auront, en outre, le droit de recevoir conformément aux lois et réglemens de leur pays, dans leurs chancelleries ou bureaux tous actes conventionnels passés entre des citoyens de leur pays et des citoyens ou habitants du pays, où ils résident, et même tous actes de ces derniers pourvu que ces actes aient rapport à des biens situés, ou à des affaires à traiter sur le territoire de la nation, à la quelle appartiendra le consul ou l'agent devant lequel ils seront passés.

Copies authenticated by them to be received as evidence.

Les expéditions des dits actes dûment légalisées par les consuls généraux, consuls, vice-consuls ou agents consulaires et munies du cachet officiel de leur consulat ou agence consulaire, feront foi en justice dans tous les tribunaux de France et des Etats Unis, comme le feraient les originaux eux mêmes.

ARTICLE VII.

Right to hold property in the respective countries.

In all the States of the Union, whose existing laws permit it, so long and to the same extent as the said laws shall remain in force, Frenchmen shall enjoy the right of possessing personal and real property by the same title and in the same manner as the citizens of the United States. They shall be free to dispose of it as they may please, either gratuitously or for value received, by donation, testament, or otherwise, just as those citizens themselves; and in no case shall they be subjected to taxes on transfer, inheritance, or any others different from those paid by the latter, or to taxes which shall not be equally imposed.

As to the States of the Union, by whose existing laws aliens are not permitted to hold real estate, the President engages to recommend to them the passage of such laws as may be necessary for the purpose of conferring this right.

In like manner, but with the reservation of the ulterior right of establishing reciprocity in regard to possession and inheritance, the govenment of France accords to the citizens of the United States, the same rights within its territory in respect to real and personal property, and to inheritance, as are enjoyed there by its own citizens.

ARTICLE VII.

Dans tous les Etats de l'Union où les lois actuelles le permettent, aussi longtems que les dites lois resteront en vigueur, et avec leur même portée, les Français jouiront du droit de posséder des biens meubles et immeubles, au même titre et de la même manière que les citoyens des Etats Unis: ils pourront en disposer librement et sans réserve, à titre gratuit ou onéreux, par donation, testament ou autrement, comme les habitants eux-mêmes et ne seront, dans aucun cas, soumis à des droits de mutation, de succession ou autres différents de ceux payés par ces derniers, ou à des taxes qui ne leur seraient pas également imposées.

Quant aux Etats de l'Union, dont la législation actuelle ne permet pas aux étrangers de posséder des biens immeubles, le Président s'engage à leur recommander de passer les lois nécessaires pour leur conférer ce droit.

De même et en se réservant toutefois la faculté d'appliquer ultérieurement la réciprocité, en matière de possession et de succession, le gouvernement Français reconnait aux citoyens des Etats Unis le droit de jouir en France, en matière de propriété mobilière, immobilière et de succession, du traitement identique dont jouissent en France en pareille matière, les citoyens Français.

ARTICLE VIII.

Consuls to have cognizance of differences between captains, officers, and crews, of their own nation.

The respective consuls general, consuls, vice-consuls, or consular agents, shall have exclusive charge of the internal order of the merchant vessels of their nation, and shall alone take cognizance of differences which may arise, either at sea or in port, between the captain, officers, and crew, without exception, particularly in reference to the adjustment of wages and the execution of contracts. The local authorities shall not, on any pretext, interfere in these differences, but shall lend forcible aid to the consuls, when they may ask it, to arrest and imprison all persons com-

ARTICLE VIII.

Les consuls généraux, consuls, vice-consuls ou agents consulaires respectifs seront exclusivement chargés de l'ordre intérieur à bord des navires de commerce de leur nation et connaitront seuls de tous les différents qui se seront élevés en mer ou s'élèveront dans les ports, entre le capitaine, les officiers et les hommes inscrits sur le rôle d'équipage, à quelque titre que ce soit, particulièrement pour le réglement des salaires et l'exécution des engagements réciproquement consentis; les autorités locales ne pourront s'immiscer à aucun titre, dans ces différents, et devront prêter main forte

posing the crew whom they may deem it necessary to confine. Those persons shall be arrested at the sole request of the consuls, addressed in writing to the local authority, and supported by an official extract from the register of the ship or the list of the crew, and shall be held, during the whole time of their stay in the port, at the disposal of the consuls. Their release shall be granted at the mere request of the consuls made in writing. The expenses of the arrest and detention of those persons shall be paid by the consuls.

aux consuls lors qu'ils la requerront, pour faire arrêter et conduire en prison ceux des individus inscrits sur le rôle d'équipage, à quelque titre que ce soit, qu'ils jugeront à propos d'y envoyer. Ces individus seront arrêtés sur la seule demande des consuls adressée par écrit á l'autorité locale et appuyée d'un extrait officiel du registre de bord ou rôle d'équipage et seront tenus, pendant tout le temps de leur séjour dans le port, à la disposition des consuls. Leur mise en liberté s'effectuera sur une simple demande des consuls faite par écrit. Les frais occasionnés par l'arrestation et la détention de ces individus seront payés par les consuls.

ARTICLE IX.

The respective consuls general, consuls, vice-consuls, or consular agents, may arrest the officers, sailors, and all other persons making part of the crews of ships-of-war, or merchant vessels of their nation, who may be guilty or be accused of having deserted said ships and vessels, for the purpose of sending them on board, or back to their country. To that end, the consuls of France in the United States, shall apply to the magistrates designated in the act of Congress, of May 4, 1826 — that is to say, indiscriminately to any of the federal, State, or municipal authorities; and the consuls of the United States in France, shall apply to any of the competent authorities and make a request in writing for the deserters, supporting it by an exhibition of the registers of the vessel and list of the crew, or by other official documents, to show that the men whom they claim belonged to said crew. Upon such request alone, thus supported, and without the exaction of any oath from the consuls, the deserters, not being citizens of the country where the demand is made, either at the time of their shipping or of their arrival in the port, shall be given up to them. All aid and protection shall be furnished them for the pursuit, seizure, and arrest of the deserters, who shall even be put and

ARTICLE IX.

Case of desertion.

Les consuls généraux, consuls, vice-consuls ou agents consulaires respectifs pourront faire arrêter les officiers, matelots et toutes les autres personnes faisant partie des équipages, à quelque titre que ce soit, des bâtimens de guerre ou de commerce de leur nation, qui seraient prévenus ou accusés d'avoir déserté des dits bâtimens, pour les renvoyer à bord, ou les transporter dans leurs pays. A cet effet ils s'adresseront, les consuls de France aux Etats Unis aux magistrats désignés dans l'acte du Congrès du 4 Mai, 1826, c'est à dire indistinctement à toutes les autorités fédèrales, d'Etat ou municipales; les consuls des Etats Unis en France, à toutes les autorités compétentes; et leur feront par écrit la demande de ces déserteurs, en justifiant, par l'exhibition des registres du batiment ou du rôle d'equipage ou par d'autres documents officiels, que les hommes qu'ils réclament faisaient partie du dit équipage. Sur cette seule demande ainsi justifiée, et sans qu'aucun serment puisse être exigé des consuls, la remise des déserteurs ne pourra leur être refusée, à moins qu'il ne soit dûment prouvé qu'ils étaient citoyens du pays, où l'extradition est réclamée, au moment de leur inscription sur le rôle ou de leur arrivée au port du débarquement: il leur sera donné toute aide et pro-

kept in the prisons of the country at the request and at the expense of the consuls until these agents may find an opportunity of sending them away. If, however, such opportunity should not present itself within the space of three months, counting from the day of the arrest, the deserters shall be set at liberty, and shall not again be arrested for the same cause.

tection pour la recherche, la saisie et l'arrestation de ces déserteurs, les quels seront même détenus et gardés dans les prisons du pays, à la réquisition et aux frais des consuls, jusqu'à ce que ces agents aient trouvé une occasion de les faire partir. Si pourtant cette occasion ne se presentait pas dans un délai de trois mois, à compter du jour de l'arrestation, les déserteurs seraient mis en liberté et ne pourraient plus être arrêtés pour la même cause.

Article X.

Protests, &c.

The respective consuls general, consuls, vice-consuls, or consular agents, shall receive the declarations, protests, and reports of all captains of vessels of their nation in reference to injuries experienced at sea; they shall examine and take note of the stowage; and when there are no stipulations to the contrary between the owners, freighters, or insurers, they shall be charged with the repairs. If any inhabitants of the country in which the consuls reside, or citizens of a third nation, are interested in the matter, and the parties cannot agree, the competent local authority shall decide.

Charged with repairs of vessels.

Article X.

Les consuls généraux, consuls, vice-consuls ou agents consulaires respectifs recevront les déclarations, protestations et rapports de tous capitaines de batiments de leur nation, pour raison d'avaries essuyées à la mer; ils feront procèder à la constatation de l'arrimage, et ils seront, à moins de stipulations contraires entre les armateurs, les chargeurs et les assureurs, chargés du soin de régler ces avaries. Si des habitants du pays, où résident les consuls, ou des citoyens d'une tierce nation se trouvaient intéressés dans les dites avaries, et que les parties ne pussent s'entendre à l'aimable, le recours à l'autorité locale compétente serait de droit.

Article XI.

Salvage in case of wrecks.

All proceedings relative to the salvage of American vessels wrecked upon the coasts of France, and of French vessels wrecked upon the coasts of the United States, shall be respectively directed by the consuls general, consuls and vice-consuls of the United States in France, and by the consuls general, consuls, and vice-consuls of France in the United States, and until their arrival by the respective consular agents, wherever an agency exists. In the places and ports where an agency does not exist, the local authorities, until the arrival of the consul in whose district the wreck may have occurred, and who shall be immediately informed of the occurrence, shall take all necessary mea-

Article XI.

Toutes les opérations relatives au sauvetage des navires Français naufragés sur les côtes des Etats Unis, et des navires Américains naufragés sur les côtes de France seront respectivement dirigées par les consuls généraux, consuls, vice-consuls de France aux Etats Unis, et par les consuls généraux, consuls et vice-consuls Américains en France, et jusqu'à leur arrivée par les agents consulaires respectifs là où il existera une agence; dans les lieux et ports où il n'existerait pas d'agence, les autorités locales auront, en attendant l'arrivée du consul, dans l'arrondissement du quel le naufrage aurait, en lieu et qui devrait être immediatement prévenu, à prendre toutes les mesures néces-

sures for the protection of persons and the preservation of property.

The local authorities shall not otherwise interfere than for the maintenance of order, the protection of the interests of the salvors, if they do not belong to the crews that have been wrecked, and to carry into effect the arrangements made for the entry and exportation of the merchandise saved.

It is understood that such merchandise shall not be subjected to any custom-house duty if it is to be reëxported, and, if it be entered for consumption, a diminution of such duty shall be allowed in conformity with the regulations of the respective countries.

saires pour la protection des individus et la conservation des effets naufragés.

Les autorités locales n'auront d'ailleurs à intervenir que pour maintenir l'ordre, garantir les intérêts des sauveteurs, s'ils sont étrangers aux équipages naufragés, et assurer, l'exécution des dispositions à observer, pour l'entrée et la sortie des marchandises sauvées.

Il est bien entendu que ces marchandises ne seront tenues à aucun droit de douane, si elles doivent être réexportées, et que, si elles sont admises à la consommation, on leur accordera les modérations de droits consacrées par la législation douanière des pays respectifs.

Article XII.

The respective consuls general, consuls, vice-consuls, or consular agents, as well as their consular pupils, chancellors, and secretaries, shall enjoy in the two countries all the other privileges, exemptions, and immunities which may at any future time be granted to the agents of the same rank of the most favored nation.

Article XII.

Les consuls généraux, consuls, vice-consuls ou agents consulaires respectifs, ainsi que leurs élèves consuls, chanceliers et secrétaires jouiront dans les deux pays de tous les autres privilèges, exemptions et immunités qui pourraient par la suite être accordés aux agents de même rang de la nation la plus favorisée.

Consuls, &c., to enjoy all immunities which shall be granted to those of any other nation.

Article XIII.

The present convention shall remain in force for the space of ten years from the day of the exchange of the ratifications, which shall be made in conformity with the respective constitutions of the two countries, and exchanged at Washington within the period of six months, or sooner, if possible. In case neither party gives notice, twelve months before the expiration of the said period of ten years, of its intention not to renew this convention, it shall remain in force a year longer, and so on from year to year, until the expiration of a year from the day on which one of the parties shall give such notice.

In testimony whereof, the respective plenipotentiaries have signed this convention, and hereunto affixed their respective seals.

Done at the city of Washington,

Article XIII.

La présente convention restera en vigueur pendant dix ans à partir de l'échange des ratifications, lesquelles seront données conformément aux constitutions respectives des deux pays, et échangées à Washington dans le délai de six mois au plutôt, si faire se peut: dans le cas ou aucune des parties n'aurait notifié douze mois avant l'expiration de la dite période de dix ans son intention d'en faire cesser les effets, la convention continuera à rester en vigueur encore une année, et ainsi de suite d'année en année, jusqu'à l'expiration d'une année, à partir du jour ou l'une ou l'autre des parties l'aura dénoncée.

En foi de quoi les plenipotentiaires respectifs l'ont signée et y ont apposé leurs cachets respectifs.

Fait à Washington, le vingt-trois

Duration of this convention.

the twenty-third day of February, Anno Domini one thousand eight hundred and fifty-three.	de Fevrier, Anno Domini mille huit cent cinquante-trois.
EDWARD EVERETT. [L. S.] SARTIGES. [L. S.]	SARTIGES. [L. S.] EDWARD EVERETT. [L. S.]

And whereas the said Convention, as amended, has been duly ratified on both parts, and the respective ratifications of the same were exchanged at Washington, on the eleventh instant, by WILLIAM L. MARCY, Secretary of State of the United States, and the Count de Sartiges, Commander of the Imperial Order of the Legion of Honor, &c., &c., &c., and Envoy Extraordinary and Minister Plenipotentiary of his Majesty the Emperor of the French, near the Government of the United States, on the part of their respective Governments:

Now, therefore, be it known that I, FRANKLIN PIERCE, President of the United States of America, have caused the said Convention to be made public, to the end that the same, and every clause and article thereof, may be observed and fulfilled with good faith by the United States and the citizens thereof.

In witness whereof, I have hereunto set my hand and caused the seal of the United States to be affixed.

[L. S.] Done at the city of Washington this twelfth day of August, in the year of our Lord one thousand eight hundred and fifty-three, and of the Independence of the United States the seventy-eighth.

FRANKLIN PIERCE.

BY THE PRESIDENT:

W. L. MARCY *Secretary of State.*

Convention Consulaire avec la France. 23 Fev.

(1?

www.ingramcontent.com/pod-product-compliance
Lightning Source LLC
LaVergne TN
LVHW011146110826
845150LV00008B/2540

* 9 7 8 1 4 1 8 1 9 1 6 4 1 *